DIE COMIC-BIBLIOTHEK
DES WISSENS

DIE BIENEN

VERSTEHEN,
UM SIE ZU SCHÜTZEN

TEXT
YVES LE CONTE

ZEICHNUNGEN & COLORIERUNG
JEAN SOLÉ

VERLAGSHAUS JACOBY 🏠 STUART

VORWORT

JURASSIC BEE

Als Michael Crichton sich Ende der 1980er Jahre daranmachte, *Jurassic Park* zu schreiben, das sein erfolgreichstes Buch werden sollte, stellte er sich vor, ein Dinosaurier könnte wieder zum Leben erweckt werden dank seiner DNA, die sich völlig intakt in einer Mücke gefunden hat, die in einem Stück Bernstein gefangen war, das aus der Oberen Kreidezeit stammte. [1] 2006, sechzehn Jahre nach dem Erscheinen von Crichtons Roman, hatte die Wissenschaft es noch immer nicht geschafft, einen Velociraptor wiederzubeleben. Stattdessen verkündete das Magazin *Nature* in seiner Novemberausgabe die vollständige Sequenzierung der DNA von *Apis mellifera*, der europäischen Honigbiene. Gleichzeitig meldete der amerikanische Zoologe George Poinar stolz, er habe im Tal von Hukawng, einer abgelegenen Gegend in Burma, die unter Paläontologen für ihren Reichtum an Fossilien bekannt ist, eine bedeutende Entdeckung gemacht: In einem winzigen 100 Millionen Jahre alten Stück Bernstein war ein 2,95 Millimeter großes Insekt erstarrt: eine Vertreterin der bis dahin ältesten bekannten Bienenart. Poinar taufte sie auf den Namen *Melittosphex burmensis*.

UND DIE BIENE SCHUF DIE BLUMEN

Bernstein ist ein durchsichtiger Schmuckstein pflanzlichen Ursprungs; er ist ausgehärtetes Baumharz. Wenn das Harz an einem Baumstamm entlanglief, geschah es nicht selten, dass kleine Tiere wie Insekten sich in der klebrigen Masse verfingen. Wie der Name *Melittosphex burmensis* sagt – *melitta* ist eine Variante des griechischen Wortes μελίσσα, „Biene", und *sphex* steht für das griechische Wort σφήξ, das „Wespe" bedeutet – ist das Insekt, das Professor Poinar entdeckt hat, so etwas wie das „missing link", das fehlende Glied in der Abstammungskette zwischen der fleischfressenden Wespe und der Pollen und Nektar sammelnden Biene. Poinar und seine Mitarbeiter bekräftigten damit die Hypothese, dass die Bienen, die sich von Pollen ernähren, von fleischfressenden Ahnen abstammen. Daher die unausgesprochene Bedeutung von Poinars Entdeckung, denn *Melittosphex* war wahrscheinlich mit für den Aufschwung der Blütenpflanzen, der Angiospermen oder Bedecktsamer, verantwortlich. Vor der Kreidezeit nämlich waren die verbreitetsten Pflanzen Nacktsamer oder Gymnospermen, die wie die heutigen Koniferen vom Wind abhängig waren, um ihre

Pollen und Samen zu verbreiten. Professor Poinar zufolge sind es also Pollensammler wie *Melittosphex*, dank deren die ersten Blütenpflanzen, das heißt Nacktsamer (Angiospermen), sich entwickeln und über die Erde verbreiten konnten [2].

BIENEN UND MENSCHEN

Die Zoologen vermuten, dass bereits frühe Gruppen von Jägern und Sammlern in der Altsteinzeit den Honig und das Wachs der Bienen ausbeuteten. Das war vor 16 000 Jahren, lange vor der Domestikation des Schafs oder des Pferds. Daher hat die Biene schon länger als das Gedächtnis der Menschheit zurückreicht, eine Rolle in den frühen Kulturen gespielt. So wissen wir, dass die Menschen seit dem 7. Jahrtausend v. Chr. Honig ernteten und seine wohltuenden Eigenschaften kannten. Das hat man jedenfalls geschlossen, nachdem man 1924 die Wände der sogenannten Spinnengrotte bei dem kleinen Dorf Bicorp in der spanischen Provinz Valencia untersucht hatte. Auf einer davon kann man noch immer das einfache Bild eines Menschen erkennen, der auf einer Strickleiter steht und den Honig eines Wildbienenschwarms einsammelt.

Wir vergessen nur zu leicht, dass manche frühe Kulturen der Biene einen Ehrenplatz eingeräumt haben. Dies war etwa der Fall im Unterägypten der 4. Dynastie, wo man in der alten Stadt Sais mehr Abbildungen von Bienen als von jedem anderen Tier gefunden hat. Es gab dort einen der Göttin Neith geweihten Tempel, der auch „Heim der Biene" hieß. In der ägyptischen Mythologie heißt es, dass Re, der Sonnengott, Tränen über der Erde vergossen habe, die sich in Bienen verwandelt hätten. In diesen längst vergangenen Zeiten pflegten Bienen entweder den Herrscher oder das werktätige Volk zu symbolisieren. 5 000 Jahre alte Hieroglyphen zeigen, dass die Ägypter, die keinen Zucker kannten, stattdessen Honig für süßen Wein, aber auch für das Süßen von Broten und Kuchen nutzten. Die Entdeckung des Papyrus Ebers in Luxor im Jahre 1862 hat uns viel über das Interesse der Menschen an den Bienen im 2. Jahrtausend v. Chr. gelehrt. Dieser einzigartige Papyrus von enormer archäologischer Bedeutung ist eine der ältesten bekannten medizinischen Abhandlungen. Man erfährt aus ihm, dass mit Datteln und Acacia vermischter Honig Frauen als effizientes Verhütungsmittel empfohlen wurde, dass Honig, mit etwas Öl vermischt, Ohrenschmerzen heilte[3], aber auch, dass er das einzige Mittel war, das bei einer Beschneidung zum Einsatz kam. Bevor dies ein im Volk allgemein verbreiteter Brauch wurde, verwendeten die Pharaonen Honig bei ihren Hochzeitsfeiern. Während des ersten Ehemonats pflegte man dem Brautpaar ein Honiggetränk zu reichen und ihm damit Freude und Glück zu vermitteln. Diese altägyptische Tradition hat die Jahrhunderte überdauert, und sie findet sich noch immer wieder in der Rede vom „Honigmond". Honig war also sehr wohl ein Luxusprodukt, das als paradiesische Speise, aber auch als Zeichen des Reichtums betrachtet wurde. Zwei Eigenschaften, auf die übrigens auch in der Bibel wiederholt hingewiesen wird, etwa wenn das gelobte Land als das „Land, in dem Milch und Honig fließen" bezeichnet wird[4]. Was das Bienenwachs betrifft, so hat man Spuren davon an zahlreichen Mumien gefunden, an den Resten von Schiffen und in Gemälden, wo es als Bindemittel für die Farben diente.

ARISTOTELES UND SEINE FREUNDE

Die archäologischen Wissenschaften haben uns also versichert, dass den Menschen schon sehr früh bewusst war, was die Bienen für sie leisten konnten. Wir wissen, dass sie sich schon in der Antike für Bienen interessiert haben. Der erste große Denker, der sich mit ihnen eingehend befasst hat, war übrigens Aristoteles. Es ist nur wenig bekannt, aber tatsächlich ist es nach dem Menschen die Biene, der der „Erfinder" der Metaphysik seine längsten Abhandlungen gewidmet hat. Bereits vor der Entwicklung der Wissenschaft wurde der Biene in der Kultur der alten Griechen ein besonderer Wert beigemessen. Für den Honig gab es zahllose Verwendungen: Auch hier diente er in Gebäck und Naschwerk, in der Pharmazie und in der Weinzubereitung als Süßungsmittel[5].

Auch wenn die Bienen zu allen Zeiten den Menschen vertraut waren, so wissen wir heute, dass sie uns noch längst nicht alle ihre Geheimnisse verraten haben. Yves Le Conte ist ein Wissenschaftler, der die Bienen seit beinahe dreißig Jahren erforscht. Er ist Forschungsdirektor an der Einheit „Bienen und Umwelt" am INRA, dem Nationalen Institut für Agrarforschung in Frankreich, einem der wichtigsten Forschungszentren auf der Welt, und untersucht dort unter anderem die sozialen Regelsysteme der Bienenvölker, ihre Entwicklung und die Störungen ihrer Entwicklung. Denn wenn wir die Bienen effizient schützen wollen, müssen wir sie besser verstehen lernen.

David Vandermeulen

ANMERKUNGEN

1. *Jurassic Park* ist nicht zufällig ein Bestseller geworden. Crichton hatte sich genau informiert und war hinsichtlich der neuesten technischen Entwicklungen auf dem Laufenden. Dafür hatte er unter anderem die Arbeiten von Ivar Ekeland gelesen, einem Mathematiker, nach dessen Vorbild er die Gestalt des Doktor Ian Malcolm formte, der in der Filmadaption von Jeff Goldblum gespielt wurde. Ivar Ekeland ist übrigens auch Autor des Buchs *Der Zufall*, der in Kürze in der *Comic-Bibliothek des Wissens* erscheinen wird.

2. Nach Cécile Dumas in *Science & Avenir*, Oktober 2006

3. „Nach dem Willen Jesu Christi heile vollständig mein Ohr! Und es wurde gesund, so wie der junge Mann es ihm befohlen hatte: behandle dein Ohr mit Honig!" Paulusakten 9,28. (Die Paulusakten sind eine apokryphe Apostelgeschichte vom Ende des 2. Jahrhunderts.)

4. „In ein Land, in dem Milch und Honig fließen, wirst du kommen", heißt es in Exodus 33,3, „Ihr seid es, die ihren Boden in Besitz nehmen sollen. Ich bin es, der ihn euch zum Besitz geben wird, ein Land, in dem Milch und Honig fließen", in Leviticus 20,24. Wir halten auch fest, dass gemäß der jüdischen Tradition der mythische Fluss Phison, der zusammen mit Tigris, Euphrat und Gihon den Garten Eden bewässerte, Milch und Honig mit sich führte.

5. Nach Simon Byl, *Aristoteles und die Welt des Bienenkorbs*, in: *Revue belge de Philologie et d'Histoire*, Bd. 56–1, 1978, S. 15–28.

Erster Teil
BIENEN VERSTEHEN

WAS IST EINE BIENE?

GUTE FRAGE!

1

MAN MUSS GENAU SEIN, WENN MAN VON BIENEN SPRICHT...

NORMALERWEISE VERSTEHT MAN DARUNTER UNSERE EUROPÄISCHE HONIGBIENE, *APIS MELLIFERA**, DIE IN DER IMKEREI GENUTZT WIRD, UM HONIG ZU MACHEN.

Honig

Apis Mellifera

ABER GENAUGENOMMEN IST ES SO ÄHNLICH, WIE WENN MAN NUR VON VÖGELN REDETE, WO ES DOCH SO VIELE RECHT UNTERSCHIEDLICHE ARTEN DAVON GIBT...

UNGEFÄHR **20 000** BIENENARTEN HAT MAN AUF DER ERDE ENTDECKT, DAVON **2000** ALLEIN IN EUROPA!..

SIE HABEN DIE UNTERSCHIEDLICHSTEN GRÖSSEN...

DIE KLEINSTEN SIND EIN PAAR MILLIMETER LANG, DIE GRÖSSTEN FAST ZWEI ZENTIMETER.

BSS BSS BSS BS BSSS BSS BSS

* APIS: Latein für „Biene", **MELLIFERA:** für „Honigträgerin."

2

IN EUROPA IST DIE GRÖSSTE DIE **GROSSE HOLZBIENE**. DIESE SCHWARZE BIENE JAGT EINEM OFT ANGST EIN, SIE IST ABER VÖLLIG FRIEDLICH.

Wirkliche Größe

MAN SIEHT SIE OFT IM FRÜHJAHR, WENN SIE AUF GLYZINIENBLÜTEN POLLEN UND NEKTAR SAMMELT.

DIE KLEINSTEN BIENEN SIND OFT SEHR DISKRET. SIE SIND MEIST EINZELGÄNGER UND WENIG SOZIAL. DIESE BIENEN ERNÄHREN SICH VON BLÜTEN- NEKTAR ALS ENERGIEQUELLE UND VON POLLEN ALS EIWEISSSPENDER.

13

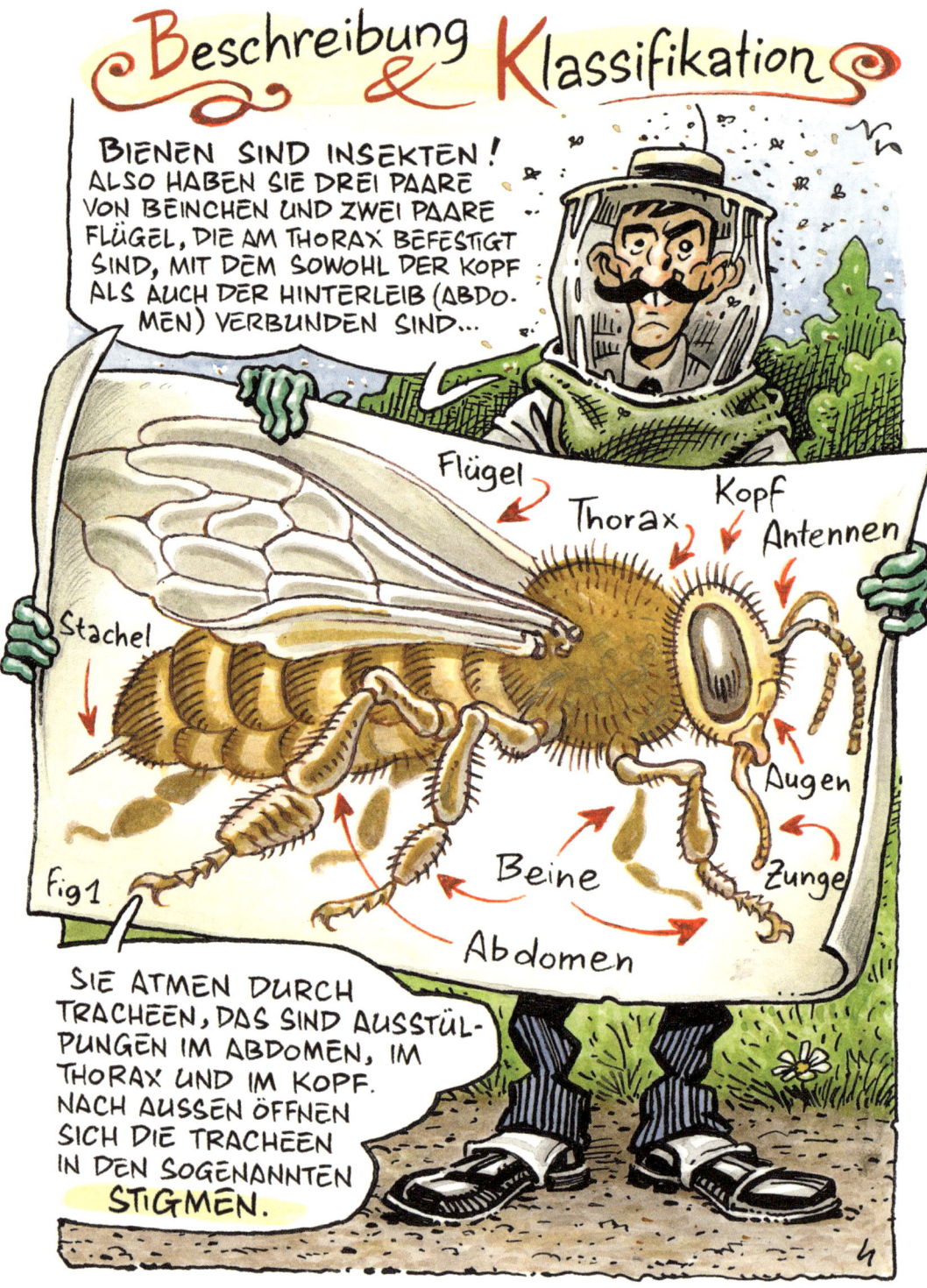

Beschreibung & Klassifikation

BIENEN SIND INSEKTEN! ALSO HABEN SIE DREI PAARE VON BEINCHEN UND ZWEI PAARE FLÜGEL, DIE AM THORAX BEFESTIGT SIND, MIT DEM SOWOHL DER KOPF ALS AUCH DER HINTERLEIB (ABDOMEN) VERBUNDEN SIND...

Flügel
Thorax
Kopf
Antennen
Stachel
Augen
Zunge
Beine
Abdomen
Fig 1

SIE ATMEN DURCH TRACHEEN, DAS SIND AUSSTÜLPUNGEN IM ABDOMEN, IM THORAX UND IM KOPF. NACH AUSSEN ÖFFNEN SICH DIE TRACHEEN IN DEN SOGENANNTEN STIGMEN.

DANK DER BEWEGUNGEN DES ABDOMENS ZIRKULIERT DIE VON AUSSEN AN-GESOGE-NE Luft IM INNEREN DES INSEKTS.

Stigmen

Stigmen

ABDOMEN
(Querschnitt)

THORAX
(Querschnitt)

KOPF

DIE BIENEN GE-HÖREN ZUR ORDNUNG DER **HAUTFLÜGLER** ... WIE DIE AMEISEN UND DIE WESPEN **AU!**

WESPE:
Vespula Vulgaris
AMEISE:
Lasius Niger
(Schwarze Wegameise)

5

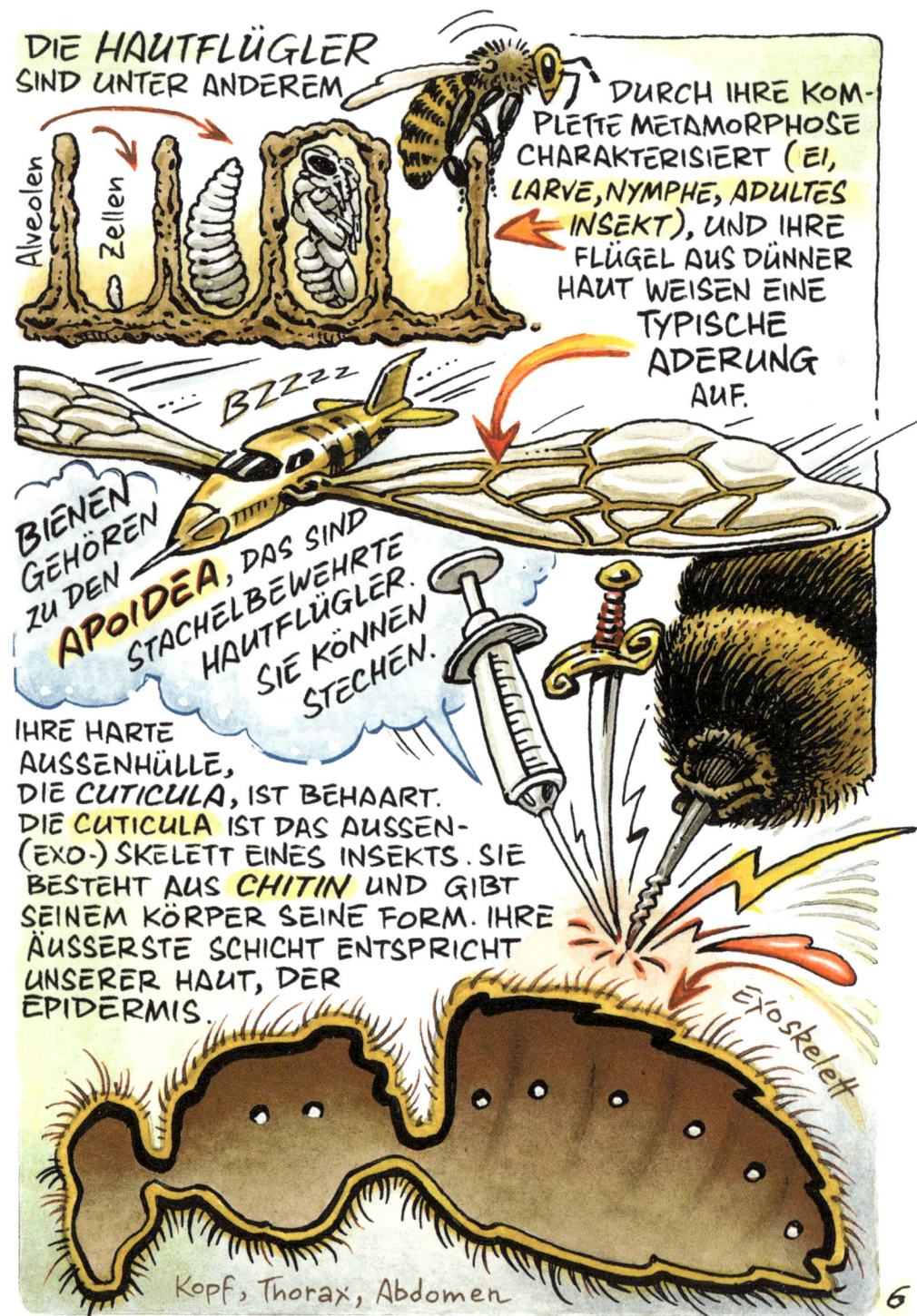

DIE *HAUTFLÜGLER* SIND UNTER ANDEREM

Alveolen

Zellen

DURCH IHRE KOM-PLETTE METAMORPHOSE CHARAKTERISIERT (*EI, LARVE, NYMPHE, ADULTES INSEKT*), UND IHRE FLÜGEL AUS DÜNNER HAUT WEISEN EINE TYPISCHE ADERUNG AUF.

BZZZZ

BIENEN GEHÖREN ZU DEN *APOIDEA*, DAS SIND STACHELBEWEHRTE HAUTFLÜGLER. SIE KÖNNEN STECHEN.

IHRE HARTE AUSSENHÜLLE, DIE *CUTICULA*, IST BEHAART. DIE CUTICULA IST DAS AUSSEN-(EXO-) SKELETT EINES INSEKTS. SIE BESTEHT AUS *CHITIN* UND GIBT SEINEM KÖRPER SEINE FORM. IHRE ÄUSSERSTE SCHICHT ENTSPRICHT UNSERER HAUT, DER EPIDERMIS.

Exoskelett

Kopf, Thorax, Abdomen

6

VIELE DER APOIDEA WOHNEN NICHT IN GROSSEN NESTERN WIE BIENENKÖRBEN. DIESE SOGENANNTEN *WILDEN* ODER *EINZELGÄNGERISCHEN* BIENENVERWANDTEN NUTZEN EINEN NATÜRLICHEN UNTERSCHLUPF.

BZZZ

SIE BAUEN IHR HEIM ODER RICHTEN ES HIER IN EINEM ERD-LOCH EIN ODER UNTER EINEM STEIN, DORT IN EINER FELSSPALTE ODER EINEM MAUERRISS, ANDERSWO WIEDERUM IN EINEM HOHLEN BAUM...

7

18

DIE „ARBEITERINNEN", DIE GROSSE MEHRHEIT DER INDIVIDUEN IN DEN BIENENVÖLKERN, STELLEN DIE WABEN AUS DEM WACHS HER, DAS SIE SELBST MIT IHREN WACHSDRÜSEN PRODUZIEREN, DIE SICH UNTER IHREM ABDOMEN BEFINDEN. SIE SONDERN DIESEN STOFF IN FORM WEISSER PLÄTTCHEN AB ...

Sekret der Wachs-drüsen.

HARTE ARBEIT!

... DIESE WABENZELLEN HABEN UNTER-SCHIEDLICHE GRÖSSEN. SIE DIENEN DER EIABLAGE (DURCH DIE KÖNIGIN), ABER AUCH DER BEVORRATUNG VON POLLEN UND HONIG (DURCH DIE ARBEITERINNEN)...

9

19

Nie wird man von einer Biene hören, sie habe NICHTS MEHR ZU WACHSEN!

DIE HONIGBIENE BEWOHNT EINEN BIENENSTOCK, EIN NEST ODER EINEN KORB ODER EINEN KASTEN. UND DER IST DER MITTELPUNKT EINER GENAU STRUKTURIERTEN GESELLSCHAFT AUS TAUSENDEN INDIVIDUEN. IHR GANZES LEBEN LANG SPIELT EINE BIENE EINE KLAR UM-RISSENE ROLLE.

ES GIBT DREI SORTEN VON BIENEN!

GOD SAVE THE QUEEN!..

die Drohne
das Männchen

die Königin
die die Eier produziert

die Arbeiterin
die Vielseitige

10

20

PLOPP

EINE KÖNIGIN LEGT HUNDERT EIER AM TAG*, NÄMLICH JE EINS PRO WABE—

IM LAUFE IHRES LEBENS, DAS NUR EIN PAAR JAHRE WÄHRT, LEGT EINE KÖNIGIN EINE MILLION EIER ODER NOCH MEHR!

DAS MUSS SIE!

In einer Wabe sind die einzelnen Zellen vertikal ange-ordnet.

DIE GRÖSSE DER ZELLE VARIIERT FÜR DIE VERSCHIE-DENEN BIENEN.
• DIE „NORMALE ZELLE" IST FÜR DAS EI EINER KÜNFTI-GEN ARBEITERIN BESTIMMT...
• DIE ZELLE FÜR DIE KÜNFTIGE DROHNE IST GRÖSSER ...
• UND DIE FÜR DIE KÜNFTIGE KÖNIGIN EINES SCHWARMS SPRENGT VOLLSTÄNDIG DEN RAHMEN.

ZELL-DECKEL

ZELLVERDECKELUNG:
VOM NYMPHENSTADIUM AN WIRD DIE ZELLE DURCH EINEN DECKEL VERSCHLOSSEN, DEN DIE ADULTEN ARBEITERINNEN HERSTELLEN. DIESER WÄCHSER-NE DECKEL IST BEI DEN ZELLEN DER MÄNNCHEN STÄRKER AUSGEPRÄGT.

Königinzelle

12

• außer im Winter

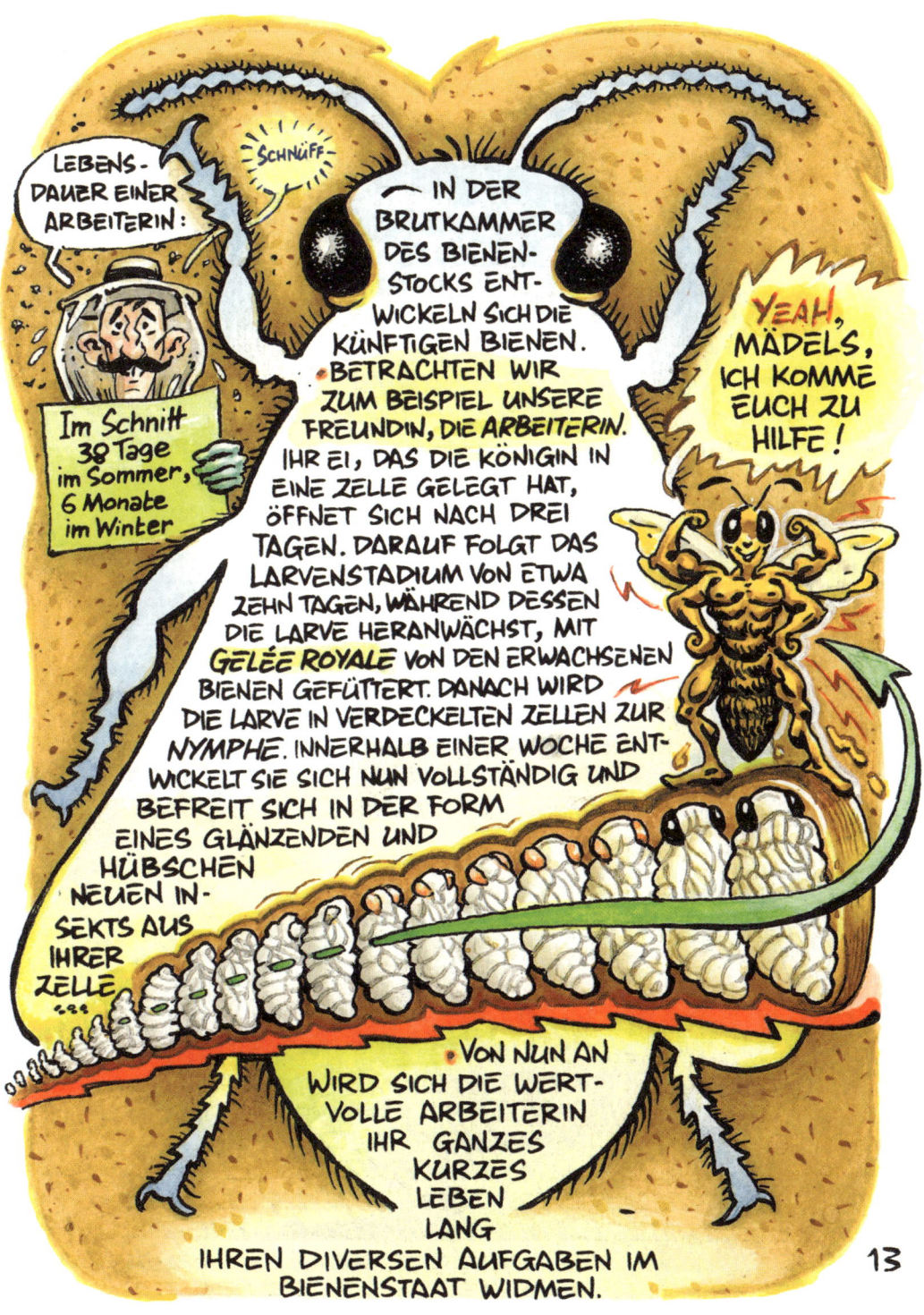

LEBENS-
DAUER EINER
ARBEITERIN:

SCHNÜFF

Im Schnitt
38 Tage
im Sommer,
6 Monate
im Winter

IN DER
BRUTKAMMER
DES BIENEN-
STOCKS ENT-
WICKELN SICH DIE
KÜNFTIGEN BIENEN.
BETRACHTEN WIR
ZUM BEISPIEL UNSERE
FREUNDIN, DIE *ARBEITERIN*.
IHR EI, DAS DIE KÖNIGIN IN
EINE ZELLE GELEGT HAT,
ÖFFNET SICH NACH DREI
TAGEN. DARAUF FOLGT DAS
LARVENSTADIUM VON ETWA
ZEHN TAGEN, WÄHREND DESSEN
DIE LARVE HERANWÄCHST, MIT
GELÉE ROYALE VON DEN ERWACHSENEN
BIENEN GEFÜTTERT. DANACH WIRD
DIE LARVE IN VERDECKELTEN ZELLEN ZUR
NYMPHE. INNERHALB EINER WOCHE ENT-
WICKELT SIE SICH NUN VOLLSTÄNDIG UND
BEFREIT SICH IN DER FORM
EINES GLÄNZENDEN UND
HÜBSCHEN
NEUEN IN-
SEKTS AUS
IHRER
ZELLE

YEAH,
MÄDELS,
ICH KOMME
EUCH ZU
HILFE!

VON NUN AN
WIRD SICH DIE WERT-
VOLLE ARBEITERIN
IHR GANZES
KURZES
LEBEN
LANG
IHREN DIVERSEN AUFGABEN IM
BIENENSTAAT WIDMEN.

13

Heldin der ARBEIT

AU MERITE

Die Aufgaben der Arbeiterin

KAUM GEBOREN UND NOCH GANZ SELBSTVERGESSEN NIMMT UNSERE ARBEITERIN TAPFER ALLE TÄTIGKEITEN AN, DIE FÜR DIE ORDNUNG DES BIENENSTOCKS NOTWENDIG SIND.

Reinigen

Füttern

KONSTRUIEREN

verwalten

PFFF

BAUEN

Belüften

WACHEN

SAMMELN

24

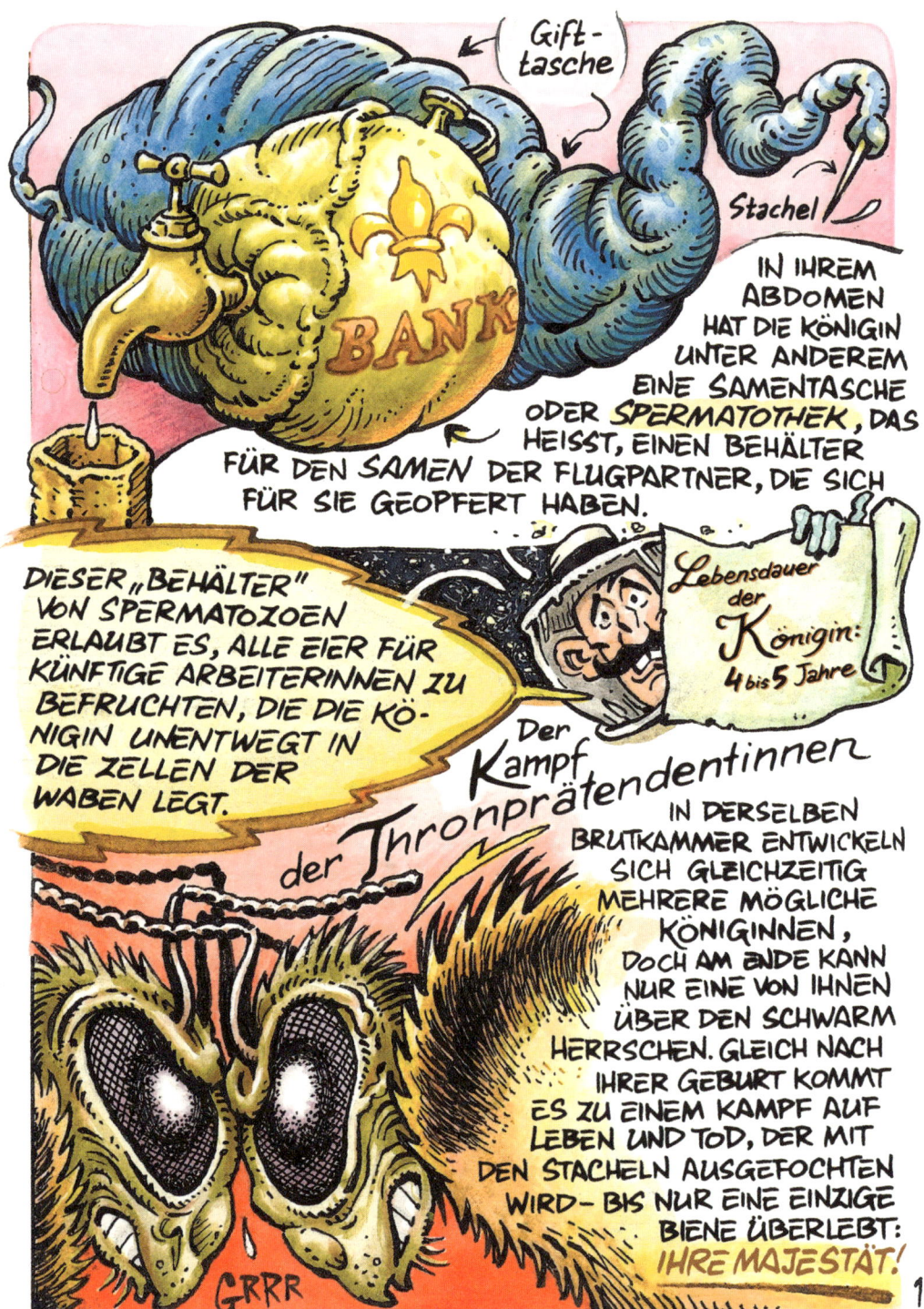

Gift-
tasche

Stachel

IN IHREM ABDOMEN HAT DIE KÖNIGIN UNTER ANDEREM EINE SAMENTASCHE ODER SPERMATOTHEK, DAS HEISST, EINEN BEHÄLTER FÜR DEN SAMEN DER FLUGPARTNER, DIE SICH FÜR SIE GEOPFERT HABEN.

BANK

DIESER „BEHÄLTER" VON SPERMATOZOEN ERLAUBT ES, ALLE EIER FÜR KÜNFTIGE ARBEITERINNEN ZU BEFRUCHTEN, DIE DIE KÖNIGIN UNENTWEGT IN DIE ZELLEN DER WABEN LEGT.

Lebensdauer der Königin: 4 bis 5 Jahre

Der Kampf der Thronprätendentinnen

IN DERSELBEN BRUTKAMMER ENTWICKELN SICH GLEICHZEITIG MEHRERE MÖGLICHE KÖNIGINNEN, DOCH AM ENDE KANN NUR EINE VON IHNEN ÜBER DEN SCHWARM HERRSCHEN. GLEICH NACH IHRER GEBURT KOMMT ES ZU EINEM KAMPF AUF LEBEN UND TOD, DER MIT DEN STACHELN AUSGEFOCHTEN WIRD – BIS NUR EINE EINZIGE BIENE ÜBERLEBT: IHRE MAJESTÄT!

GRRR

16

Operation SAMMELN

VOM FRÜHLING BIS ZUM HERBST ERLEDIGEN UNSERE TAPFEREN ARBEITERINNEN IHRE LETZTE AUFGABE, INDEM SIE VON BLÜTE ZU BLÜTE FLIEGEN UND DIE FLORA DER UMGEBUNG PLÜNDERN. DAS INSEKT SAMMELT DEN NEKTAR DER BLÜTEN, VON DEM ES SICH AUCH ERNÄHRT... ***

DAS PASST PERFEKT!

Punktauge (Ocelle)

Antenne

Facettenauge

Oberlippe

Mandibel (Oberkiefer)

Geißel

Unterkiefer

Lippentaster

Zunge

DIE BIENEN VERFÜGEN ÜBER EINEN MEHR ODER WENIGER LANGEN RÜSSEL, DER IN DER ZUNGE ENDET. DAMIT SAUGEN SIE DEN NEKTAR AUF, DER SICH IM BLÜTENBODEN BEFINDET. DIE BIENEN, DIE DEN LÄNGSTEN RÜSSEL HABEN, KÖNNEN DEN NEKTAR AUS DEN BLÜTEN MIT DER HÖCHSTEN KRONE ERNTEN.

Der NEKTAR wird von den Nektardrüsen der Blüten abgesondert.

27

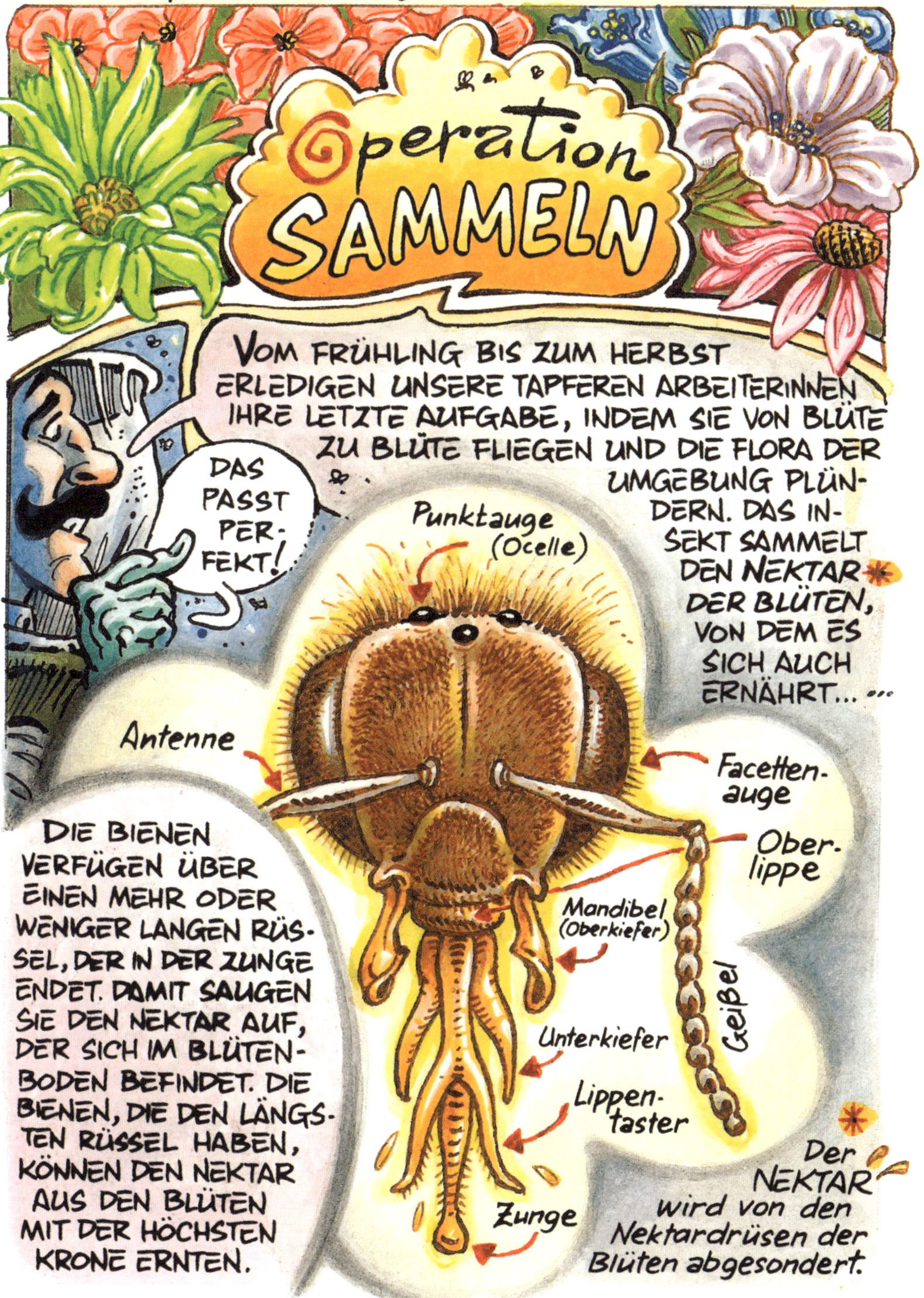

ZU TISCH, MÄDCHEN!

DIESE ZUCKRIGE LÖSUNG, DER NEKTAR, WIRD ALSO DURCH DEN „RÜSSEL" MIT SEINEN VERSCHIEBBAREN TEILEN GEPUMPT. DIE BIENE LAGERT DEN NEKTAR IN IHRER HONIGBLASE (EINEM ZWEITEN MAGENSACK) ZWISCHEN UND TRANSPORTIERT IHN IN DEN STOCK. DORT GIBT SIE IHN AN EINE STOCKBIENE AB.

nektar

POLLEN

DER POLLEN:
IST EINE ART STAUB, DER AUS TAUSENDEN MIKROSKOPISCHEN KÖRNCHEN BESTEHT, DIE VON DEN STAUBGEFÄSSEN DER BLÜTEN PRODUZIERT WERDEN...

WAS WOLLEN IST, FINDE ICH BESSER ALS POLLEN!

SCHRECKLICHER KALAUER!

KÖRBCHEN ODER POLLENTASCHE

18!

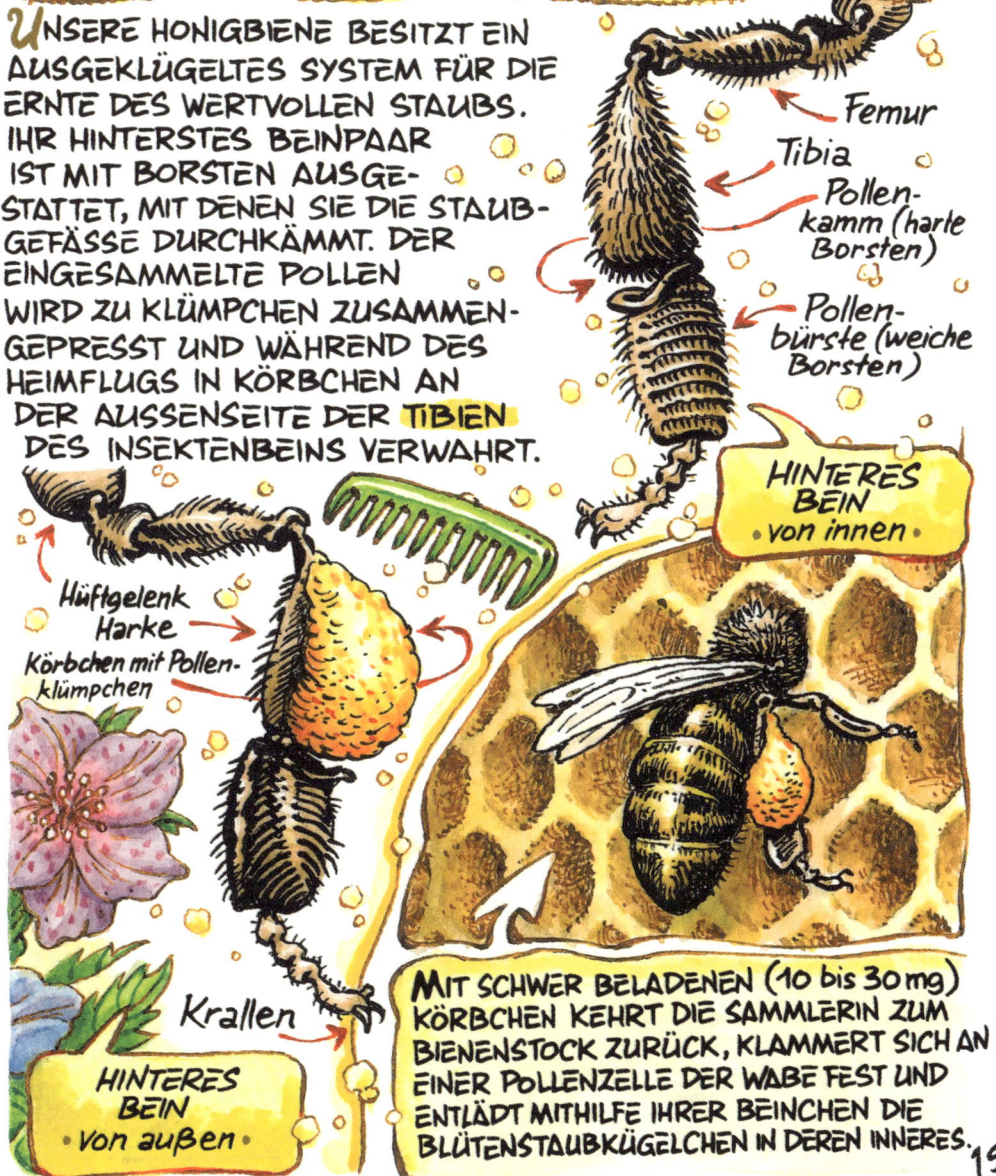

BIENEN BEDIENEN SICH GANZ VERSCHIEDENER MITTEL, UM POLLEN ZU SAMMELN UND ZU TRANSPORTIEREN. DIE MAUERBIENE (OSMIA), EINE WILDBIENENART, BESITZT EINE ART BÜRSTE, DIE SCOPA, AUS STEIFEN HAAREN, AN DER UNTERSEITE DES ABDOMENS. DAMIT SAMMELT SIE POLLEN, HÄLT IHN FEST UND STREIFT IHN IM NEST AB.

UNSERE HONIGBIENE BESITZT EIN AUSGEKLÜGELTES SYSTEM FÜR DIE ERNTE DES WERTVOLLEN STAUBS. IHR HINTERSTES BEINPAAR IST MIT BORSTEN AUSGE-STATTET, MIT DENEN SIE DIE STAUB-GEFÄSSE DURCHKÄMMT. DER EINGESAMMELTE POLLEN WIRD ZU KLÜMPCHEN ZUSAMMEN-GEPRESST UND WÄHREND DES HEIMFLUGS IN KÖRBCHEN AN DER AUSSENSEITE DER TIBIEN DES INSEKTENBEINS VERWAHRT.

Femur

Tibia

Pollen-kamm (harte Borsten)

Pollen-bürste (weiche Borsten)

HINTERES BEIN
• von innen •

Hüftgelenk
Harke
Körbchen mit Pollen-klümpchen

Krallen

HINTERES BEIN
• von außen •

MIT SCHWER BELADENEN (10 bis 30 mg) KÖRBCHEN KEHRT DIE SAMMLERIN ZUM BIENENSTOCK ZURÜCK, KLAMMERT SICH AN EINER POLLENZELLE DER WABE FEST UND ENTLÄDT MITHILFE IHRER BEINCHEN DIE BLÜTENSTAUBKÜGELCHEN IN DEREN INNERES.

19

Bestäubung

Bienen sind unsere diskreten „Freundinnen"! Denn durch ihre von der Natur erzwungene Arbeit tragen sie entscheidend zur Biodiversität bei, indem sie vielerlei Blüten bestäuben!

Bei der Bestäubung werden Pollenkörner (die den Spermatozoiden bei den Säugetieren entsprechen) zu den Eizellen einer Blüte derselben Art gebracht. Manche Pflanzen lassen sich auch ohne Hilfe von Insekten – etwa durch den Wind bestäuben.

20

ABER
ZAHLREICHE PFLANZEN
SIND FÜR DIESEN AKT
DER BEFRUCHTUNG AUF
BESTÄUBER ANGEWIESEN.

DIE WELT DER BLÜTENPFLANZEN HAT SICH
SEIT VIELEN JAHRTAUSENDEN ZUSAMMEN
MIT DEN BESTÄUBENDEN INSEKTEN
ENTWICKELT, UND SO SIND
BEIDE VONEINANDER
ABHÄNGIG.

"APIS
MELLIFERA" IST
DIE BERÜHMTESTE,
ABER KEINESWEGS
DIE EINZIGE ART VON
KLEINEN TIERCHEN,
DIE IHRE ROLLE BEI
DER BESTÄUBUNG
SPIELEN:
DANEBEN
SPIELEN
AUCH
ANDERE
BIENEN-
ARTEN,
WESPEN,

EINE
SAMMLERIN
SPEZIALISIERT
SICH FÜR EINE
WEILE AUF
EINE EINZIGE
BLÜTEN-
SORTE.

HUM-
MELN,
MANCHE FLIEGEN,
SCHMETTERLINGE,
UND VERSCHIEDENE
KÄFERARTEN EINE ROLLE...

DIE FARBE, DIE FORM,
DER GESCHMACK UND DER
DUFT DER BLÜTEN DIENEN
DAZU, DIESE INSEKTEN ANZU-
ZIEHEN (UND SO AUCH UNSE-
RE SAMMLERIN).

Ge-
wissermaßen
machen die Blüten
sich schön,
um ihre
Bestäu-
ber zu
ver-
füh-
ren
...

KUCKUCK!

21

ANDERE BIENEN HABEN DIE AUFGABE, *WASSER* ZU SAMMELN.

DAS VON DEN ARBEITERINNEN IN IHREM KROPF (DER JA AUCH DER NEKTARERNTE DIENT) GESAMMELTE *WASSER* IST UNVERZICHTBAR FÜR DIE ENTWICKLUNG DER LARVEN. ES DIENT AUCH DAZU, DEN HONIG ZU VERDÜNNEN, UND, AN HEISSEN SOMMERTAGEN, DURCH VERDUNSTUNG DEN BIENENSTOCK ZU KÜHLEN.

DIE *PROPOLIS* IST EINE HARZIGE SUBSTANZ, DIE AN DEN KNOSPEN MANCHER BÄUME AUSTRITT. MIT POLLEN UND SPEICHEL ... VERMISCHT DIENT DIESER STOFF DEM SCHUTZ DER BRUT IN DEN WABENZELLEN. AUCH ALS SPACHTELMASSE ZUM ABDICHTEN VON RISSEN IN DEN ZELLWÄNDEN WIRD SIE GEBRAUCHT.

WENN FREMDE INSEKTEN IN DEN BIENENSTOCK EINDRINGEN, WERDEN SIE VON DEN WACHSAMEN WÄCHTERINNEN VERTRIEBEN ODER GETÖTET. DANN DIENT DIE *PROPOLIS* DAZU, DIE KADAVER DER EINDRINGLINGE "EINZUBALSAMIEREN", DAMIT SIE SICH SCHNELL ZERSETZEN!

ANDERE ARBEITERINNEN ERNTEN *PROPOLIS*

22

Gelée Royale

GELÉE ROYALE IST EINE SEHR RAFFINIERTE SUBSTANZ UND VON ENTSCHEIDENDER BEDEUTUNG FÜR DAS GEDEIHEN DES BIENENVOLKS. EINFACH GESAGT, IST ES DAS SEKRET VON DRÜSEN, DIE SICH AM KOPF DER JUNGEN BIENEN DER AMMENBIENEN BEFINDEN.

DIESE SPEZIELLE NAHRUNG HAT IHREN NAMEN DAHER, DASS SIE DIE NAHRUNGSQUELLE DER KÖNIGIN IST. AUCH ALLE JUNGEN BIENENLARVEN WERDEN MIT GELÉE ROYALE GEFÜTTERT. SOBALD DIE ZELLEN DER LARVEN VERDECKELT SIND, DIENT DAS GELÉE AUSSCHLIESSLICH DER ERNÄHRUNG DER (MÖGLICHEN) KÜNFTIGEN KÖNIGINNEN. DAS ERLAUBT EINE AUSSERORDENTLICH SCHNELLE ENTWICKLUNG DIESER LARVEN!

WIE DIE PROPOLIS HAT ANSCHEINEND AUCH DAS GELÉE ROYALE MEDIZINISCHE EIGENSCHAFTEN.

23

Der Brutraum, den man mit einem Kindergarten vergleichen kann, enthält durchschnittlich 6000 Eier, 9000 Larven und 20000 Nymphen!

Jede einzelne Wachsscheibe (s. Tafel 9) wiegt 0,0008 das heißt, 1250000 davon sind nötig, um 1 Kg Wachs zu erhalten!

7000 Arbeitsstunden, 17000 Reisen, 8700000 Blumenbesuche: das muss die Sammlerin mehr oder weniger leisten, um 1 Liter Honig zu produzieren!!

Ein Bienenvolk mit einer Königin umfasst etwa 50000 (unfruchtbare) Arbeiterimen und 2500 Männchen (Drohnen). Wie wir bereits gesehen haben, sind alle diese fleißigen Tierchen voneinander abhängig!

Dank seiner Ernährung mit Gelée Royale vervielfacht sich das Gewicht einer Bienenlarve in ihrer Zelle in 5 Tagen um das 1800-fache!

25

Wer HONIG sagt, denkt an BIENEN! & umgekehrt

HONIG KENNEN UND GENIESSEN DIE MENSCHEN SEIT EH UND JE! DIESES SIRUPARTIGE NAHRUNGSMITTEL WIRD VON DEN UNTERSCHIEDLICHEN ARBEITERINNEN AUS DEM NEKTAR, ABER AUCH AUS ANDEREN SÜSSEN SÄFTEN, DIE SIE VON VERSCHIEDENEN PFLANZEN ERNTEN, HERGESTELLT. IM BIENENSTOCK ODER BIENENNEST NEHMEN DIE STOCKBIENEN DIESES „SAMMELGUT" IN EMPFANG. SIE BEREITEN DARAUS MIT VIELFÄLTIGEM KÖRPERLICHEN EINSATZ EINE SUBSTANZ...

...DIE SIE IN DEN EINZELNEN ZELLEN DER WABE PLATZIEREN. WÄHREND DER VERDECKELUNG DER ZELLEN VERWANDELT SICH DIESE SUBSTANZ IN HONIG!

do re´Miel*fa so la ti do

Lecker!

** Honig

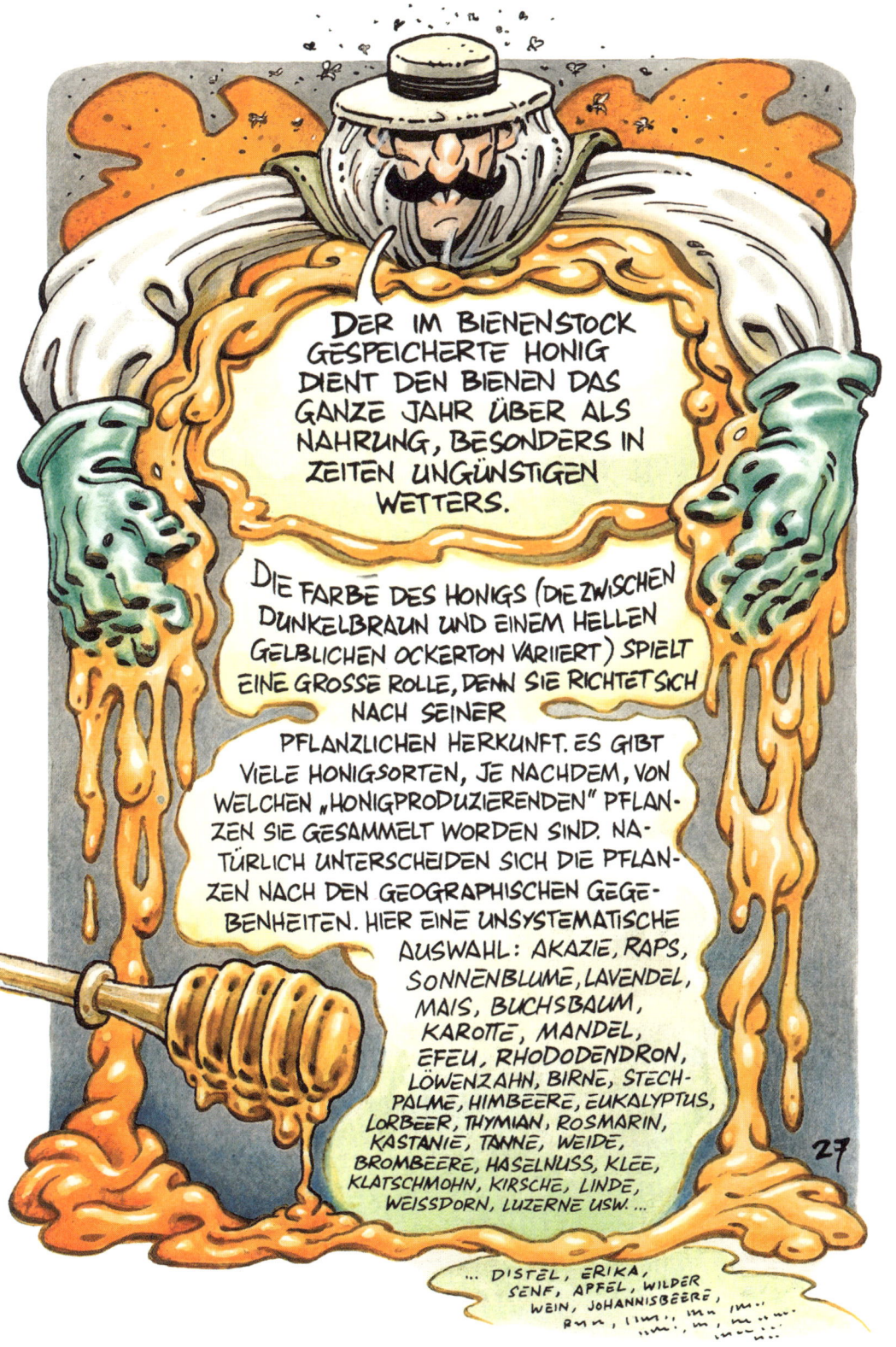

DER IM BIENENSTOCK GESPEICHERTE HONIG DIENT DEN BIENEN DAS GANZE JAHR ÜBER ALS NAHRUNG, BESONDERS IN ZEITEN UNGÜNSTIGEN WETTERS.

DIE FARBE DES HONIGS (DIE ZWISCHEN DUNKELBRAUN UND EINEM HELLEN GELBLICHEN OCKERTON VARIIERT) SPIELT EINE GROSSE ROLLE, DENN SIE RICHTET SICH NACH SEINER PFLANZLICHEN HERKUNFT. ES GIBT VIELE HONIGSORTEN, JE NACHDEM, VON WELCHEN „HONIGPRODUZIERENDEN" PFLANZEN SIE GESAMMELT WORDEN SIND. NATÜRLICH UNTERSCHEIDEN SICH DIE PFLANZEN NACH DEN GEOGRAPHISCHEN GEGEBENHEITEN. HIER EINE UNSYSTEMATISCHE AUSWAHL: AKAZIE, RAPS, SONNENBLUME, LAVENDEL, MAIS, BUCHSBAUM, KAROTTE, MANDEL, EFEU, RHODODENDRON, LÖWENZAHN, BIRNE, STECHPALME, HIMBEERE, EUKALYPTUS, LORBEER, THYMIAN, ROSMARIN, KASTANIE, TANNE, WEIDE, BROMBEERE, HASELNUSS, KLEE, KLATSCHMOHN, KIRSCHE, LINDE, WEISSDORN, LUZERNE USW. ...

27

... DISTEL, ERIKA, SENF, APFEL, WILDER WEIN, JOHANNISBEERE, ...

Kleine Pausssse

JETZT, WO WIR IN DER MITTE DIESES BUCHS ANGEKOMMEN SIND, SOLLTEN WIR UNS NOCH EINMAL AUF UNSER THEMA KONZENTRIEREN. AUF DEN VORHERIGEN SEITEN HABEN WIR DIE VERSCHIEDENEN (PHYSISCHEN, VERHALTENSTHEORETISCHEN UND SOZIALEN) EIGENSCHAFTEN ÜBERFLOGEN (BSSS...) UND BEOBACHTET, DIE FÜR UNSERE KLEINEN GEFLÜGELTEN KAMERADEN CHARAKTERISTISCH SIND. WIR HÄTTEN NOCH 10, 50 ODER 100 (?) BÄNDE WIE DIESEN HIER FÜLLEN KÖNNEN, UM ALLES UM DIESE PHANTASTISCHE HYPERAKTIVE WELT ZU ERORSCHEN, ZU BESCHREIBEN UND ZU ANALYSIEREN! DOCH VON ANFANG AN GING ES DEN AUTOREN UND DEM VERLEGER VOR ALLEM DARUM, VOR DEN GEFAHREN ZU WARNEN, DENEN DIE BIENEN AUSGESETZT SIND!

SCHÖN, PROFESSOR, KANN ICH MICH JETZT WIEDER ANZIEHEN?

29

DIE BIENEN STEHEN ZWAR LEIDER IM RAMPENLICHT,
ABER MIT IHNEN IST DIE GESAMTE BIODIVERSITÄT
BEDROHT! IN DER ZWEITEN HÄLFTE DIESES BUCHS
WERDEN WIR DARAUF EINGEHEN. DOCH ZUVOR
MÖCHTEN WIR GERN NOCH AUF EINIGE WEITERE
ERSTAUNLICHE VERHALTENSWEISEN UNSERER
TAPFEREN TIERCHEN HINWEISEN. DENN:

SIE BESSER
KENNENZULERNEN HEISST,
SIE SCHÜTZEN ZU
LERNEN!!

MÖCH-
TEST DU
EIN FOTO
VON MIR?

WEITER HINTEN WERDEN WIR UNS MIT DEN BIENENSTÖCKEN BEFASSEN UND DAMIT GENAUGENOMMEN MIT EINEM URALTEN SORGFÄLTIG GE- PFLEGTEN MENSCHLI- CHEN HANDWERK: DER

BIENENZUCHT

das Schwärmen

BIS DAHIN ABER WOLLEN WIR EIN WEITERES FÜR UNSERE SUM- MENDEN FREUNDE BEZEICHNENDES PHÄNOMEN BE- TRACHTEN ...

SEIT MILLIONEN JAHREN GEBEN SICH DIE BIENEN VORZUGSWEISE IM FRÜHLING DER PRAXIS DES SCHWÄR- MENS HIN!

Dies ist kein Kebab!

WENN DAS NEST ÜBERBE- VÖLKERT IST ODER WEIL EINE NEUE KÖ- NIGIN AUF DEN PLAN GE- TRETEN IST, ÜBERLÄSST DIE ALTE KÖNIGIN IHREN PLATZ DER NEUEN UND WANDERT AUS. DABEI NIMMT SIE ZIGTAUSENDE ARBEITERINNEN MIT SICH, DIE ALLESAMT VON DEM HONIG STROTZEN, MIT DEM SIE SICH VOR IHREM ABSCHIED VERPROVIANTIERT HABEN, DA- MIT SIE ENERGIETECHNISCH FÜR IHRE KÜNFTIGEN AUFGABEN GERÜSTET SIND...

31

Schwarmtraube

DIE FLIEGENDE TRUPPE IRRT IN DER NATUR HERUM UND LÄSST SICH SCHLIESSLICH IRGENDWO PROVISORISCH NIEDER. KUNDSCHAFTERINNEN SCHWÄRMEN NUN AUS, UM EINEN NEUEN FÜR DEN NESTBAU GEEIGNETEN ORT ZU FINDEN!

Wieso?

HE... IHR MACHT EINEN FEHLER, MEINE DAMEN! GEWÖHNLICH HÄNGT SICH DER SCHWARM AN DEM ZWEIG EINES BUSCHS AUF!!

O.K., WIR NÄHREN UNS AM BUSEN DER NATUR!

WÄHREND DES SCHWÄRMENS SIND DIE UM IHRE KÖNIGIN VEREINTEN BIENEN BESONDERS FRIEDLICH!

EIN SCHWARM KANN VON EINEM IMKER LEICHT „EINGESAMMELT" WERDEN. ER WIRD DANN ZU DEN BEWOHNERN EINES BIENENSTOCKS MIT WABENRAHMEN.

Kommunikation
Durch Tanzen „sprechen" Bienen zu Bienen!

A

Ä

120°

Y

B

160° 160°

vereinfachtes Schema

C

C

60°

32

* Das hier ist alles nur ausgedacht, entspricht aber der Idee der Bienensprache

42

Die Sprache der Bienen

In den 1940er Jahren ist es Karl von Frisch⊛ und seinen Mitarbeitern gelungen, die geheimnisvollen Botschaften der Bienen zu entschlüsseln! Diese informieren die anderen Sammlerinnen mit raffiniert codierten Tänzen (die sie auf den Waben aufführen)

Unter anderem von der Entdeckung neuer Orte mit fruchtbaren Blüten. Mithilfe dieser komplizierten Choreographie aus kreisförmigen und halbkreisförmigen Flugbewegungen, mal links- und mal rechtsherum, in Form einer liegenden Acht usw. zeigt die Biene ihren Mitstreiterinnen den Weg, dem sie folgen sollen, im Verhältnis zur Sonne und in einem bestimmten Winkel zu... Kurz: Es ist erstaunlich!! Ausserdem warnt sie durch ein Zittern ihres Abdomens vor den Schwierigkeiten, zu dem angekündigten Schatz zu gelangen.

DAS IST NICHT SAMUEL BECKETT!

LET'S DANCE

Schwanensee

⊛ Von Frisch stammte aus Wien, arbeitete aber vor allem an der Münchner Universität. Obwohl eine seiner Grossmütter Jüdin war, liessen ihn die Nazis in Ruhe, weil sie erkannt hatten, dass die Erforschung der Bienen lebenswichtig war.

34

SEIT FRÜHESTER ZEIT HABEN DIE MENSCHEN BIENENWOHNUNGEN KONSTRUIERT, VOR ALLEM, UM DEN HONIG ERNTEN ZU KÖNNEN, DER LANGE FÜR SIE DIE EINZIGE ZUCKERQUELLE WAR. DANEBEN GING ES ABER AUCH DARUM, WACHS ERNTEN ZU KÖNNEN.

BIENENSTÖCKE

KOMM MIR BLOSS MIT STÖCKEN!

HA HA!

TÖPFERWARE

BAUM-STUMPF

GEFLOCH-TENER KORB

STROH ODER REET

DIESE KÜNST-LICHEN NESTER, AUS VERSCHIEDE-NEN MATERIALIEN HERGESTELLT, HABEN SICH IM LAUF DER JAHRHUNDERTE IMMER WEITERENTWICKELT, UND JE NACH REGION UND KLIMA HABEN SIE DIE VERSCHIEDENSTEN FORMEN ANGENOMMEN.

35

AUCH WENN SCHON DIE ALTEN GRIECHEN ÄHNLICHE TECHNIKEN HATTEN, SO SETZTE SICH DOCH LETZTLICH ERST IM 18. JAHRHUNDERT DIE BEUTE MIT *HERAUSNEHMBAREN RAHMEN* DURCH. SIE WURDE IN MEHREREN SCHRITTEN VON AUFGEKLÄRTEN „BASTLERN" ENTWICKELT: HEUTE GILT DIESE ART VON BEUTE ALS NORMAL, WEIL SIE IN UNSEREN BREITEN ÜBLICH IST.

DACH EINES MODERNEN BIENENSTOCKS TYP „CHALET".

ALLES KLAR!

Junger dynamischer Rahmen

Honey Moon

ETWA ZEHN RAHMEN SIND IM INNEREN DES HÖLZERNEN BIENENKASTENS AUFGEHÄNGT. AUF JEDEM RAHMEN IST EINE DÜNNE WACHSSCHICHT AUFGETRAGEN, AUF DER DIE BIENEN DIE ZELLEN IHRES NESTS BAUEN. DER IMKER KANN DEN KASTEN ÖFFNEN UND JEDEN EINZELNEN RAHMEN HERAUSNEHMEN, OHNE DEN BIENENSTAAT ZU ZERSTÖREN (WIE ES BEI DEN ALTERTÜMLICHEN BIENENSTÖCKEN DER FALL WAR!). ER TUT DIES, UM DEN KÖSTLICHEN HONIG ZU ERNTEN, ABER AUCH, UM SEIN BIENENVOLK ZU UNTERSUCHEN, VOR ALLEM, WAS SEINE GESUNDHEIT BETRIFFT!

37

IN DER WARMEN JAHRESZEIT KANN MAN DIE BEUTE UM EINE ZUSÄTZLICHE ETAGE ERWEITERN, IN DER DIE BIENEN WEITERE RESERVEN UNTERBRINGEN, DIE EBENFALLS VOM IMKER GEERNTET WERDEN.

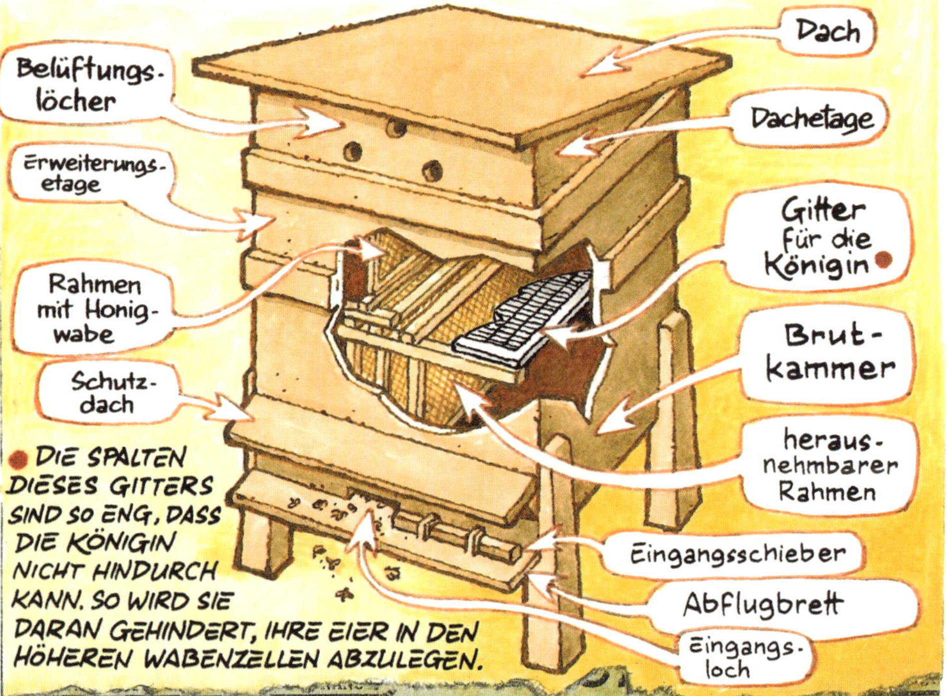

Die durchschnittliche Produktion eines Bienenstocks beträgt im Jahr um die 10 kg Honig!

Dach

Dachetage

Belüftungs-löcher

Erweiterungs-etage

Gitter für die Königin •

Rahmen mit Honig-wabe

Brut-kammer

Schutz-dach

heraus-nehmbarer Rahmen

● DIE SPALTEN DIESES GITTERS SIND SO ENG, DASS DIE KÖNIGIN NICHT HINDURCH KANN. SO WIRD SIE DARAN GEHINDERT, IHRE EIER IN DEN HÖHEREN WABENZELLEN ABZULEGEN.

Eingangsschieber

Abflugbrett

Eingangs-loch

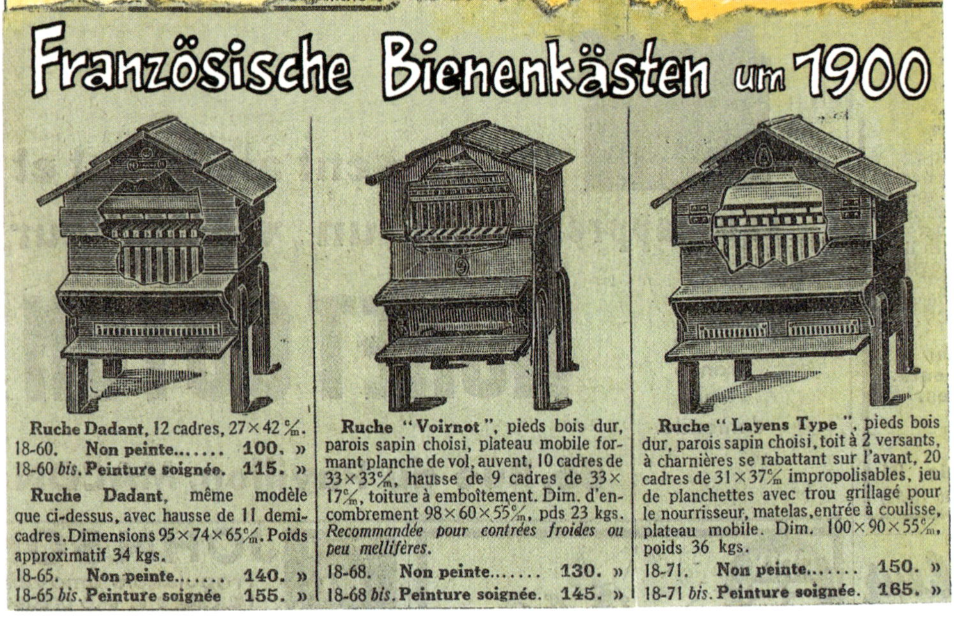

Französische Bienenkästen um 1900

Ruche Dadant, 12 cadres, 27 × 42 ‰.
18-60.   Non peinte......   100. »
18-60 *bis*. Peinture soignée.   115. »

Ruche Dadant, même modèle que ci-dessus, avec hausse de 11 demi-cadres. Dimensions 95 × 74 × 65 ‰. Poids approximatif 34 kgs.
18-65.   Non peinte......   140. »
18-65 *bis*. Peinture soignée.   155. »

Ruche "Voirnot", pieds bois dur, parois sapin choisi, plateau mobile formant planche de vol, auvent, 10 cadres de 33 × 33 ‰, toiture à emboîtement. Dim. d'encombrement 98 × 60 × 55 ‰, pds 23 kgs. *Recommandée pour contrées froides ou peu mellifères.*
18-68.   Non peinte......   130. »
18-68 *bis*. Peinture soignée.   145. »

Ruche "Layens Type", pieds bois dur, parois sapin choisi, toit à 2 versants, à charnières se rabattant sur l'avant, 20 cadres de 31 × 37 ‰ impropolisables, jeu de planchettes avec trou grillagé pour le nourrisseur, matelas, entrée à coulisse, plateau mobile. Dim. 100 × 90 × 55 ‰, poids 36 kgs.
18-71.   Non peinte......   150. »
18-71 *bis*. Peinture soignée.   165. »

38

HAPPY CULTURE

© srella

WIE WIR WISSEN, WIRD IMKEREI SCHON SEIT EWIGEN ZEITEN BETRIEBEN. HEUTE GIBT ES ZIGTAUSENDE „PRAKTIZIERENDE" ANHÄNGER DIESER KUNST, SOWOHL LAIEN ALS AUCH PROFESSIONELLE (UND SOGAR INDUSTRIELLE !!!). WIE WEITER OBEN SCHON LANG UND BREIT AUSGEFÜHRT, BESTEHT DER JOB DER IMKER DARIN, DOMESTIZIERTE BIENEN IN BIENENSTÖCKEN ZU PFLEGEN, MIT DEM ZIEL DER ERNTE VON

HONIG & WACHS!

die FREUNDE des HONIGS

APIS

WIR GEHEN HIER NICHT WEITER INS DETAIL, WAS DIE REIN TECHNISCHEN ASPEKTE DIESER ZIEMLICH KOMPLEXEN LANDWIRTSCHAFTLICHEN TÄTIGKEIT BETRIFFT.

DARÜBER GIBT ES SCHON VIELE GELEHRTE WERKE!

39

49

UM SEINE VERDIENSTVOLLE ARBEIT VERRICHTEN ZU KÖNNEN, VERFÜGT DER IMKER ÜBER EIN GANZES ARSENAL VON GERÄTEN, DIE NÖTIG SIND, DAMIT ER SEINE BIENENSTÖCKE● PFLEGEN KANN.

Dies ist kein Blick auf Manhattan oder die Bank- hochhäuser in Frankfurt!

EIN BISSCHEN INVENTAR:

RAHMENZANGEN

– MIT EINER RAHMENZANGE GREIFT DER IMKER AN DIE OBERE LEISTE EINES RAHMENS, UM IHN AUS DEM STOCK ZU ENTNEH- MEN.

AMERIKANISCHER RAHMENHEBER UND SCHABER

SMOKER

DIESES MIT EINEM BLASEBALG BETRIEBENE GERÄT ENTHÄLT LANGSAM BRENNENDE PFLANZEN- TEILE. DER WEISSE UND KALTE RAUCH „BETÄUBT" DIE BIENEN IM STOCK, UND DER IMKER KANN GEFAHRLOS DEN HONIG ERNTEN.

KLINGE zum SCHABEN

● meist mehrere eng zusammenstehende

40

VERSCHIE-
DENE
INTER-
NATIONALE
IDEEN FÜR
IMKER-
SCHLEIER

TEXANISCH   BRITISCH   PREUSSISCH AFGHANISCH
— DERZEIT NOCH IM ERPROBUNGSSTADIUM!

Weitere spezielle Accessoires

BIENENBÜRSTE

WEICHE BORSTEN

MIT IHRER HILFE
KÖNNEN DIE SAMMLERINNEN
SANFT AUS DEN HONIGWABEN
VERTRIEBEN WERDEN.

MESSER zum ENTDECKELN

DAMIT WIRD DIE
WACHSHAUT VON DEN
WABEN ENTFERNT,
UM DEN HONIG ZU
ERNTEN, DEN DIE ARBEITERINNEN
DARIN GESPEICHERT HABEN.

DIE
HONIGERNTE
FINDET GEWÖHNLICH
NACH DEM ENDE DER
BLÜTEZEIT STATT.

HONIG-ZENTRIFUGE

WENN DAS GERÄT
SICH DREHT, WIRD DER
HONIG DURCH DIE
ZENTRIFUGALKRAFT
AUS DEN (ENTDECKELTEN)
WABENZELLEN GESCHLEUDERT!

MIT
EINER SCHEIBE
HONIGKUCHEN *
UND EINEM GLÄSCHEN
MET * WOLLEN UN-
SEREN AUSFLUG IN
DIE *IMKEREI*
BEENDEN.

PROST!

41

*Aus Honig hergestellt, wie auch manche Essig- und Senfsorten

TOXIC! DIE INDUSTRIELLE LANDWIRTSCHAFT UND DAS WACHSTUM DER STÄDTE LASSEN IMMER WENIGER PLATZ FÜR DIE NATUR, UND DAMIT AUCH FÜR DIE BIENEN: WENIGER RAUM, IN DEM SIE HINREICHEND POLLEN UND NEKTAR FINDEN KÖNNEN, UM ÜBER DAS JAHR ZU KOMMEN.

ACHTUNG PESTIZIDE

DIE MEISTEN URSACHEN FÜR DIESEN BEUNRUHIGENDEN RÜCKGANG LASSEN SICH HEUTE KLAR BENENNEN!

● DIE LANDWIRTSCHAFT SETZT ZAHLREICHE PESTIZIDE UND INSEKTIZIDE EIN, DIE DIE BIENEN SCHLEICHEND TÖTEN. MITTE DER 1990er JAHRE, NACHDEM SIE BEREITS WEGEN BESTIMMTER INSEKTIZIDE IMMER WIEDER BIENENVÖLKER VERLOREN HATTEN, BEKLAGTEN DIE IMKER ERNEUT ZAHLREICHE VERLUSTE AUFGRUND MODERNER UNKRAUTVERTILGUNGSMITTEL...

PSCHHH

44

55

ZU RECHT, SO SCHEINT ES, GIBT MAN GERADE DEN PESTIZIDEN DIE SCHULD AM DRASTISCHEN SINKEN DER ZAHL DER HONIGBIENEN WIE AUCH DER WILDBIENEN. ABER AUCH ANDERE FAKTOREN SPIELEN BEI DIESEM BEUNRUHIGENDEN RÜCKGANG EINE ROLLE.

★ KLIMATISCHE ZUFÄLLE UND VERÄNDERUNGEN KÖNNEN EBENFALLS EINEN NEGATIVEN EINFLUSS AUF DIE GESUNDHEIT DER BIENENVÖLKER HABEN

EIN ZU REGENREICHES FRÜHJAHR SCHRÄNKT DIE SAMMELTÄTIGKEIT EIN! EIN GROSSER TEIL DER BIENEN BLEIBT IM STOCK UND VER- BRAUCHT DIE VORRÄTE, BIS DIESE SCHLIESSLICH AUFGEBRAUCHT SIND UND DIE BIENEN VOR HUNGER STERBEN.

EIN ZU TROCKENER SOMMER VERHINDERT DIE PRODUKTION VON NEKTAR UND BESCHRÄNKT DIE VON BLÜTENPOLLEN. AUCH IN DIESEM FALLE MÜSSEN DIE BIENEN AUF IHRE VORRÄTE ZURÜCKGREI- FEN, DIE IRGENDWANN ERSCHÖPFT SIND!

ADE, GRAUSAME WELT ...

46

VOR ALLEM IM **HERBST** SPIELT DAS KLIMA EINE GROSSE ROLLE. IN DIESER JAHRESZEIT PRODUZIEREN DIE BIENENVÖLKER SOGENANNTE „WINTERBIENEN", DIE MEHRERE MONATE IM STOCK VERBRINGEN UND DIE WINTERKÄLTE AUSHALTEN MÜSSEN. IM FOLGENDEN FRÜHJAHR MÜSSEN SIE DIE KOLONIE WIEDER ZUM LEBEN ERWECKEN, INDEM SIE NEUE ARBEITERINNEN HERANZIEHEN. NAHRUNGSKNAPPHEIT AUFGRUND UNGÜNSTIGEN WETTERS IM HERBST KANN DIE ÜBERLEBENSFÄHIGKEIT DIESER BIENEN BEEINTRÄCHTIGEN UND SO DAS ÜBERLEBEN DES BIENENVOLKS GEFÄHRDEN!

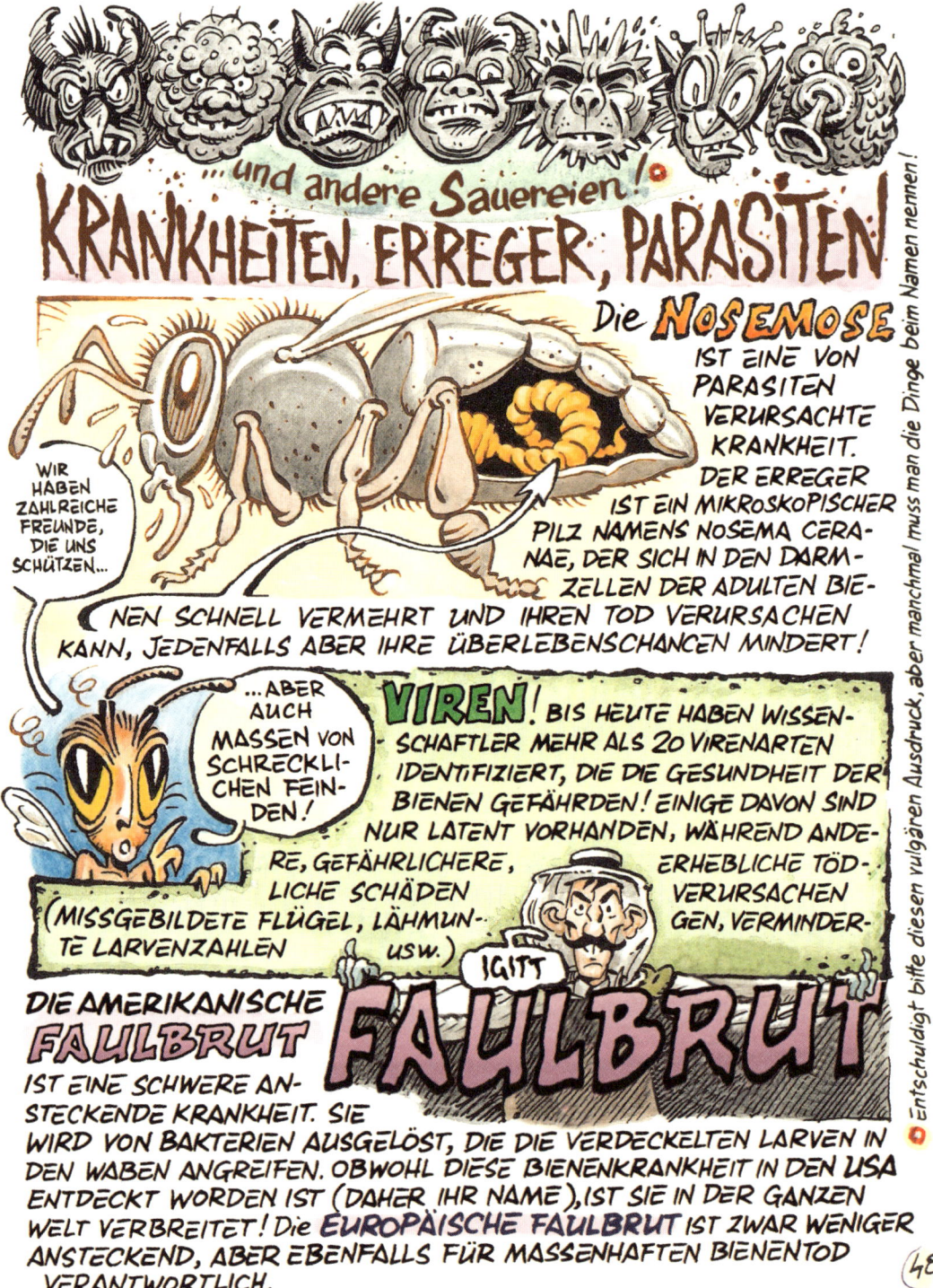

die Varroa-MILBE

ein winziges fieses Tierchen

DER „VAMPIR" DER BIENEN!

DIE SCHRECKLICHE VARROA-MILBE IST EIN PARASIT SOWOHL DER ADULTEN BIENEN ALS AUCH DER LARVEN UND NYMPHEN! SIE VERURSACHT EINE KRANKHEIT (DIE VARROATOSE), DIE EINE DER HAUPTURSACHEN DES WELTWEITEN BIENENSTERBENS IST!

NENNT MICH DESTRUCTOR!

ICH SCHLEICHE MICH EIN...

nichtamtliche Ansicht

...ICH SAUGE...

...UND ICH KONTAMINIERE!

DIE VARROA-MILBE PFLANZT SICH IM INNEREN DER WABE FORT, IN DIE SIE EINGEDRUNGEN IST. DIE WEIBLICHE MILBE✳ LÄSST SICH VOR DER VERDECKELUNG IN WABENZELLEN EINSCHLIESSEN, WO SICH LARVEN BEFINDEN, DIE SICH GERADE ZU NYMPHEN VERWANDELN. IN DIESEM WARMEN RAUM LEGT SIE IHRE EIER. DANACH ERNÄHREN SIE UND IHRE NACHKOMMEN SICH VON DER HÄMOLYMPHE (DEM BLUT DER INSEKTEN) DER NYMPHEN, IN DIE SIE MIT IHREM RÜSSEL STECHEN!

✳ ein Klassiker: Das Varroa-Männchen stirbt nach dem Geschlechtsakt!

49

„*VARROA DESTRUCTOR*," so heißt das Tierchen allgemein, sieht aus wie eine platte Krabbe (in Miniatur).

ES IST IN NATURA SO GROSS WIE EIN STECKNADELKOPF.

DER AUS ASIEN STAMMENDE PARASIT GELANGTE IN DEN 1970er JAHREN NACH EUROPA.

fig.1 von oben

V

fig.2 von unten

MITHILFE DER SAUGNÄPFE AN DEN ENDEN SEINER BEINE HEFTET ER SICH AN DIE BIENE.

RIP

IN DEN INFIZIERTEN WABENZELLEN VERURSACHEN DIE MILBEN SCHLIMME DEFORMATIONEN AN DEN ENTSTEHENDEN BIENEN. OFT KLAMMERT SICH DIE KLEINE BESTIE AN DEN KÖRPER DER KÖNIGIN, DER DROHNEN ODER DER ARBEITERINNEN! SIE STICHT MIT IHREM RÜSSEL IN DEN LEIB, UM DAS „BLUT" DER BIENE ZU SAUGEN. DABEI ÜBERTRÄGT SIE EIN VIRUS, DER DAS IMMUNSYSTEM VON APIS MELLIFERA SCHWÄCHT. DAS VIRUS VERMEHRT SICH SCHNELL UND KANN DEN TOD DER BIENEN VERURSACHEN.

50

HEUTE SIND SO GUT WIE ALLE BIENENSTÖCKE UNSERES PLANETEN VON DER VARROA-MILBE BETROFFEN! DIE IMKER HABEN INFOLGE DER VARROATOSE ERHEBLICHE WIRTSCHAFTLICHE VERLUSTE. SIE GILT HEUTE ALS DIE SCHLIMMSTE KRANKHEIT DER HONIGBIENEN. MAN SCHÄTZT, DASS WELTWEIT MEHRERE HUNDERTTAUSENDE BIENENSTÖCKE VON DIESER PEST VERWÜSTET WORDEN SIND!

DIE ÜBRIGENS ÄUSSERST FRUCHTBAREN VARROA-WEIBCHEN SIND ES, DIE ALLEIN IHRE SCHMUTZIGE ARBEIT AN DEN BIENEN VERRICHTEN! IHR „KLEID" IST DUNKELROT, WÄHREND DAS MÄNNCHEN, (DAS NIE DIE BRUTZELLE DER WABE VERLÄSST) EHER BLASSGELBLICH IST. UND ZU NICHTS ALS DER REPRODUKTION TAUGT! 51

VARROA ATTACKS!

SEUFZ!

Nur die Hälfte → der Beine ist hier wiedergegeben!

SO EIN MIST!

ABER AUCH ANDERE "PLAGEN" SUCHEN UNSERE LIEBLINGE HEIM, DARUNTER DIE

Wachsmotte

(AUCH EINE ZIEMLICHE SCHWEINEREI!)

DIE LARVE DIESER MOTTE IST EINE SCHRECKLICHE RAUPE! AUSGESTATTET MIT KRÄFTIGEN "KIEFERN" UND EINEM MORDSHUNGER VERWÜSTEN SIE UND IHRE SCHWESTERN DIE BEREITS GESCHWÄCHTEN BIENENSTÖCKE ...

HA! HIER KÖNNEN WIR SCHADEN ANRICHTEN!

SIE ERNÄHREN SICH VON DEN KOKONS, DEM WACHS UND DEM POLLEN, DEN SIE IN DEN WABENZELLEN FINDEN. SIE ZERSTÖREN DIE WABEN, INDEM SIE GÄNGE DURCH DIE RAHMEN BOHREN, SOGAR DURCH DAS HOLZ DER BIENENHÄUSER.

52

Kurz! ES GIBT AUSSERDEM PILZBEFALL, ACARIOSE, NEUROSE... UND ALS OB DAS NICHT REICHTE, LAUERT EIN RATTEN-SCHWANZ VON WEITEREN MÖGLICHEN BÖSARTIGEN FEINDEN VOR IHREN STÖCKEN!

IN ZUFÄLLIGER REIHENFOLGE SIND DAS ANDERE INSEKTEN WIE SCHMETTERLINGE UND KÄFER... ABER AUCH SPEZIELLE VÖGEL MIT SPEZIELLEM APPETIT, UND NICHT ZU VERGESSEN SCHLANGEN UND EIDECHSEN... EBENFALLS IMMER AUF AUSSCHAU NACH BIENENHONIG SIND DACHSE, MARDER UND EINE GANZE REIHE BÖSARTIGER KLEINER NAGER...

DA FEHLT NUR NOCH SIE!!

DIE SCHLIMMSTE RÄUBERIN!

Die asiatische HORNISSE

eine Serien-killerin!

GRRRR

Der lateinische Name dieser großen Hornisse erinnert an eine Marke italienischer Motorroller: " VESPA MANDARINIA" VELUTINA

(„Vespa" ist lateinisch für „Wespe")

KAMPF UMS ÜBERLEBEN! ALLE DIESE TIERCHEN, AUCH WENN SIE SCHÄDLICH FÜR DIE BIENEN SIND, HABEN EIN RECHT AUF LEBEN, WEIL SIE TEIL DER ARTENVIELFALT SIND!

53

DIE „BIENENFRESSERIN"*

DIESES FURCHTERREGENDE INSEKT KOMMT AUS ASIEN. IN DEN 2000er JAHREN IST SIE IN BESTIMMTEN GEGENDEN EUROPAS ANGEKOMMEN! (ANSCHEINEND DURCH PORZELLANIMPORTE AUS CHINA!?!)

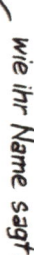

wie ihr Name sagt!

DIE ASIATISCHE HORNISSE IST EIN WENIG KLEINER ALS „UNSERE" EUROPÄISCHE HORNISSE, UND SIE IST DUNKLER...

SIE IST EIN SCHRECKLICHER BIENENFRESSER.

...EINZELN ODER ZUSAMMEN MIT ANDEREN WARTET SIE IM FLUG VOR DEM BIENENSTOCK...

...SIE ERGREIFT ARBEITERINNEN...

...ZERSCHNEIDET SIE IN STÜCKE UND VERSCHLINGT SIE. ALLERDINGS HEBT SIE DEN THORAX AUF, ALS NAHRUNG FÜR DIE LARVEN IN IHREM RIESIGEN NEST. „ES IST SCHRECKLICH ANZUSEHEN!"(Zitat) MASSIVER TERROR 54

*wissenschaftlich müsste es „apivora" heißen.

64

GANZE „GANGS" VON ASIATISCHEN HORNISSEN DRINGEN IMMER WIEDER IN DIE BIENENSTÖCKE EIN UND VERNICHTEN DIE BRUT!

Aber **HALT!** Es reicht mit der Beschwörung von „mörderischen **Mandibeln**!

DIESES BÜCHLEIN, IN DEM ES UM EINEN NEUGIERIGEN AUSFLUG IN DIE WELT DER BIENEN GING, GELANGT JETZT AN SEIN ENDE!

AUF DEN LETZTEN SEITEN HAT ES SICH MIT LAUTER DÜSTEREN UND ZIEMLICH BEÄNGSTIGENDEN SACHVERHALTEN BEFASST!

YEAH

ABER WIR MÜSSEN NICHT VERZWEIFELN...

WER PROBLEME BENENNT, REDET AUCH VON MÖGLICHEN LÖSUNGEN!

JETZT SCHON VERFÜGEN DIE IMKER ÜBER VERSCHIEDENE METHODEN, UM GEGEN DIE UNTERSCHIEDLICHEN GEISSELN DER BIENENVÖLKER VORZUGEHEN!

BSS & BSS

DIESE MEHR ODER WENIGER EFFIZIENTEN „HEILMITTEL" VERLANGEN IN JEDEM FALL, DASS DIE MENSCHEN DIE BIENENSTÖCKE DAUERHAFT UND SORGFÄLTIG BEOBACHTEN!

BSS

HUT AB, MEINE LIEBEN!

BSS BSS BSS BSS BSS

- DIE BIENEN SELBST MACHEN FÜR IHRE VERTEIDIGUNG MOBIL UND ORGANISIEREN GEGEN MANCHE BEDROHUNGEN KOLLEKTIVE ABWEHR!
- UND DIE FORSCHER IN IHREN LABORS REISSEN SICH DIE BEINE AUS, UM DAUERHAFTE LÖSUNGEN ZU FINDEN. ———

55

YVES LE CONTE FASST ZUSAMMEN:

"SCHLIESSLICH IST ES VON GROSSER BEDEUTUNG FÜR UNSERE ZUKUNFT, DASS DIE MENSCHLICHE GESELLSCHAFT ERNSTHAFT ERKENNT, WIE WICHTIG DIE BIENEN SIND UND DASS ES NOTWENDIG IST, SIE ZU SCHÜTZEN. DIE BIENEN SIND DIE WÄCHTER DER UMWELT: WENN SIE WEGEN DER MENSCHEN VERSCHWÄNDEN, WÄRE DAS ÜBERLEBEN DER MENSCHHEIT SELBST IN GROSSER GEFAHR! WIR MÜSSEN UNS WEITER ANSTRENGEN, EINE UMWELT ZU ERHALTEN, DIE FÜR DIE BIENEN SO GESUND WIE MÖGLICH IST, DAMIT SIE IHRER BESTÄUBUNGSARBEIT NACHGEHEN KÖNNEN UND DAMIT AUCH WIR MENSCHEN UNS GESUND ENTWICKELN KÖNNEN IN DIESER EINEN NATUR, DIE UNS ERNÄHRT."

ALLE ZUR DEMO!

Es sind die gelehrten und gebildeten Arbeiten von **YVES LE CONTE** (einem großen Experten), die die wissenschaftliche GRUNDLAGE für dieses Buch geliefert haben. **JEAN SOLÉ** (Laie auf diesem Gebiet) hat das für dieses Buch frei in Worte und Bilder übertragen (mit ein paar kleinen Scherzen).

(2017)

Ende!

56

DIE COMIC-BIBLIOTHEK DES WISSENS

Herausgeber der Reihe David Vandermeulen
Lektorin Nathalie Van Campenhoudt
Verantwortliche Redakteurin Élise Harou
Grafische Konzeption Elhadi Yazi
Grafische Umsetzung Éric Laurin und Rebekah Paulovich

Die französischsprachige Originalausgabe ist unter dem Titel
Les abeilles. Les connaître pour mieux les protéger erschienen.
© LE CONTE / SOLÉ / ÉDITIONS DU LOMBARD
(DARGAUD-LOMBARD S.A.) 2017

Für die deutschsprachige Ausgabe:
© 2018 Verlagshaus Jacoby & Stuart, Berlin
Aus dem Französischen von Edmund Jacoby
Lettering für die deutsche Ausgabe Michael Hau
Alle Rechte vorbehalten

ISBN 978-3-946593-74-4
Printed in Latvia
www.jacobystuart.de